Du même auteur

Le grand livre du jeu des émotions
paru aux éditions duval

Le jeu **JE M'AIME** (auto-édition)

Le voyage de Mademoiselle Quoi (auto-édition)
diffusion BOD sur le site sophieguerin.fr

Quoi de neuf en Acoibonie? (auto-édition)
diffusion BOD sur le site sophieguerin.fr

Le petit cahier du changement déc 2019
Mon baromètre émotionnel (auto-édition)
diffusion BOD sur le site sophieguerin.fr

Pour aller plus loin et compléter les cahiers tu peux télécharger sur le site des sophrologies sur le thème des émotions.

Introduction

Es-tu prêt à te laisser surprendre ?

Ces petits cahiers du changement te permettent d'aller à la rencontre de tes émotions, de tes ressentis pour te donner de nouvelles perspectives.

J'ai expérimenté, conçu, testé pour toi, depuis plus de 15 ans, le monde de la famille et de l'enfance. Cet univers me passionne. Je suis sophrologue et sexothérapeute, j'accompagne les parents et leurs enfants. Je suis mère de trois grands enfants. Fille, compagne, soeur, femme, professionnelle engagée dans cette vie là, j'ai eu besoin de mettre au monde ces petits cahiers.

Sais-tu que partager ces quelques pages avec toi me donne une énergie particulière ?

J'ai voulu te faire part de ce qui, au quotidien par de simple petits exercices a pu être bénéfique, pour moi et mon entourage.

Le rythme qu'on s'impose est bien infernal, non ?

Alors s'accorder un moment pour soi même, c'est doux pour chacun. Je te laisse expérimenter et pourquoi pas me faire part de tes découvertes.

> Ce petit cahier du changement sur le thème des émotions te permettra d'en prendre conscience ; de les vivre en harmonie et de comprendre ce qu'elles ont à te dire.

Mode d'emploi

Chaque jour, tu t'efforceras en fin de journée de noter **l'émotion** qui a eu le plus d'incidence pour toi. Si tu en as senti plusieurs, ne te limite pas.

- En rouge le carré de **LA COLÈRE**
- En bleu le triangle de **LA TRISTESSE**
- En jaune le rond de **LA JOIE**
- En vert l'ovale de **LA PEUR.**

A la fin de la semaine tu noteras en quelques mots le contexte ou la situation de ton émotion dominante. Tu peux également noter le bilan de ton mois et te centrer sur tes réussites.

Ton baromètre émotionnel est à expérimenter pour chaque émotion et à chaque fois que tu en ressens le besoin.

Sur chaque fin de période, **apprécie ce moment de pause** qui t'est proposé. Laisse toi guider par ton intuition dans le choix des couleurs pour dessiner ton Mandala.

Prends le temps de t'arrêter sur les citations, essaie de les **ressentir profondément**, de les intégrer en conscience.

Tout cela est une **préparation au changement**, pour vivre pleinement tes émotions.

Retiens que ton cahier du changement est à appréhender de façon ludique sans effort, et surtout à ton rythme.

Profite de ce temps pour prendre soin de toi.

A bientôt. Sophie.

Mes émotions

La joie 🙂

C'est une sensation agréable ; lorsque nous sommes bien disposé, nous sommes en JOIE.

Nous pouvons être charmé, amusé, captivé, comblé, confiant, content et de bonne humeur, ébloui, émerveillé, ému, en extase, en harmonie ou d'humeur joviale, cela nous rend radieux, et nous rions facilement.

Nous sommes satisfait, serein et stimulé, parfois surexcité.

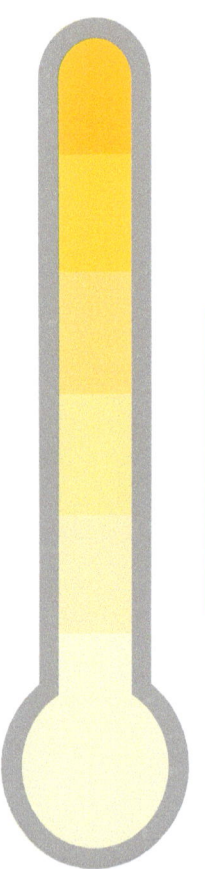

Situe toi sur le baromètre émotionnel de la joie, et coche la case correspondante. Tu peux y revenir chaque mois.

D'après toi, d'où vient ta joie ?

Quelle a été ta plus grande joie ?

Comment intégrer la joie ?

Apprends à t'émerveiller de rien, accueille les petits rien qui te mettent en joie.

Et comme le bonheur a une odeur ; visualise ta dernière joie, en y mettant beaucoup de détails...des couleurs...des formes...et des odeurs, puis RESPIRE plusieurs fois, jusqu'à temps que tu ressentes cette petite joie te prendre doucement.

La joie sert à te connecter à toi même

Pour aller plus loin quelques définitions

Il est possible de modeler et programmer son cerveau à être plus heureux.

Allez, on s'y met dès maintenant!

JOIE
Émotion agréable et profonde, sentiment exaltant ressenti par toute la conscience.

ÉMERVEILLEMENT
Provoqué par un sentiment d'admiration mêlé de surprise.

EXTASE
État dans lequel une personne se trouve comme transportée hors de soi. Exaltation provoquée par une joie ou une admiration extrême.

RADIEUX
Qui brille d'un grand éclat. Rayonnant de joie, de bonheur.

SEREIN
Qui est à la fois pur et calme
Dont le calme provient de la paix morale.

Janvier

1
Lundi......
Mardi......
Mercredi......
Jeudi......
Vendredi......
Samedi......
Dimanche......

2
Lundi......
Mardi......
Mercredi......
Jeudi......
Vendredi......
Samedi......
Dimanche......

Colorie et analyse l'émotion que tu as le plus ressentie cette semaine

Tout va bien

Tranquillité

Ton bilan du mois

....
....
....
....
....
....

3

Lundi..
Mardi..
Mercredi....................................
Jeudi..
Vendredi....................................
Samedi ....
Dimanche..................................

4

Lundi..
Mardi..
Mercredi....................................
Jeudi..
Vendredi....................................
Samedi ....
Dimanche..................................

Détends toi

Accepte

Et maintenant, tu fais quoi ?

Respire

Applique-toi

Centre toi sur tes réussites

As-tu des projets ?

Des objectifs ?

Que peux-tu mettre en place pour le mois de **Février** ?

Janvier

Février

1
Lundi..........................
Mardi..........................
Mercredi..........................
Jeudi..........................
Vendredi..........................
Samedi..........................
Dimanche..........................

2
Lundi..........................
Mardi..........................
Mercredi..........................
Jeudi..........................
Vendredi..........................
Samedi..........................
Dimanche..........................

Colorie et analyse l'émotion que tu as le plus ressentie cette semaine

Pas d'inquiétude

Tout est possible

Ton bilan du mois

....
....
....
....
....
....

③

Lundi......................................
Mardi......................................
Mercredi...............................
Jeudi......................................
Vendredi...............................
Samedi ....
Dimanche..............................

④

Lundi......................................
Mardi......................................
Mercredi...............................
Jeudi......................................
Vendredi...............................
Samedi ....
Dimanche..............................

Tout est juste

Tout est parfait

Et maintenant, tu fais quoi ?

Respire

Applique-toi

Centre toi sur tes réussites

As-tu des projets ?

Des objectifs ?

Que peux-tu mettre en place pour le mois de **Mars** ?

Février

Mars

1
- Lundi..
- Mardi..
- Mercredi ....
- Jeudi ....
- Vendredi..
- Samedi ....
- Dimanche..

2
- Lundi..
- Mardi..
- Mercredi ....
- Jeudi ....
- Vendredi..
- Samedi ....
- Dimanche..

Colorie et analyse l'émotion que tu as le plus ressentie cette semaine

Je dis, je t'aime

J'écoute mon intuition

Ton bilan du mois

....
....
....
....
....
....

③

Lundi ....
Mardi ....
Mercredi ....
Jeudi ....
Vendredi ....
Samedi ....
Dimanche ....

④

Lundi ....
Mardi ....
Mercredi ....
Jeudi ....
Vendredi ....
Samedi ....
Dimanche ....

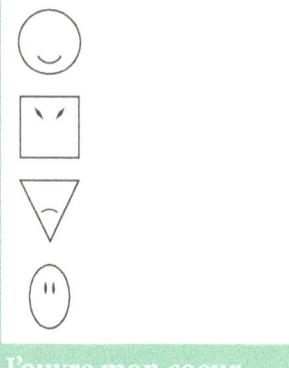

J'ouvre mon coeur

Je me respecte

Et maintenant, tu fais quoi ?

Respire

Applique-toi

Centre toi sur tes réussites

As-tu des projets ?

Des objectifs ?

Que peux-tu mettre en place pour le mois de **Avril** ?

Mars

Mes émotions

LA TRISTESSE ▽

C'est lorsque nous nous sentons abattu, accablé, affecté, anéanti par quelque chose.

Lorsque nous avons le cafard ou que nous sommes chagriné, désespéré.

Nous sommes bouleversé, et cela nous rend malheureux. La nostalgie nous prend ; nous sommes sombre et peiné, soucieux.

D'après toi, d'où vient ta tristesse ?

Quelle a été ta plus grande tristesse ?

Situe toi sur le baromètre émotionnel de **la tristesse**, et coche la case correspondante. Tu peux y revenir chaque mois.

Comment évacuer ta tristesse?

Tu peux aider la tristesse à disparaître d'elle même, en notant une liste des choses pour lesquelles tu es reconnaissant, les choses belles de ta vie, vis à vis de ta famille, tes amis, la nature, tes activités...

La tristesse te permet de te recueillir et d'accepter ce qui n'est plus

Pour aller plus loin quelques définitions

TRISTESSE
État affectif pénible et durable ; envahissement de la conscience par une douleur morale qui empêche de se réjouir du reste.

ABATTU
Qui n'a plus de force, est très fatigué. découragé.

ANÉANTI
Réduit à rien, détruit entièrement : L'orage a anéanti la récolte.
L'annonce de cette catastrophe l'avait anéanti.
Écraser complètement un groupe, le réduire à néant : Les blindés anéantirent le régiment.
Écraser quelqu'un de fatigue ou le jeter dans la consternation, le désespoir ; briser, abattre : L'annonce de cette catastrophe l'avait anéanti.

Avoir le cafard, avoir des idées noires, être déprimé.

> Ta tristesse cache une de tes qualités profonde, celle de la Joie, qui exprime ton besoin profond, ton essence, ton talent.

Accueillir vos émotions pour comprendre leur language

Sophie Guerin-Byzery

Avril

1
Lundi..
Mardi..
Mercredi..
Jeudi..
Vendredi..
Samedi ....
Dimanche...

2
Lundi..
Mardi..
Mercredi..
Jeudi..
Vendredi..
Samedi ....
Dimanche...

Colorie et analyse l'émotion que tu as le plus ressentie cette semaine

Inspire

Expire

Ton bilan du mois

....
....
....
....
....
....

❸

Lundi..
Mardi..
Mercredi..
Jeudi..
Vendredi..
Samedi ....
Dimanche..

❹

Lundi..
Mardi..
Mercredi..
Jeudi..
Vendredi..
Samedi ....
Dimanche..

Respire

Sois doux avec toi

Et maintenant, tu fais quoi ?

Respire

Applique-toi

Centre toi sur tes réussites

As-tu des projets ?

Des objectifs ?

Que peux-tu mettre en place pour le mois de **Mai** ?

Avril

Mai

1
Lundi..
Mardi..
Mercredi..
Jeudi..
Vendredi..
Samedi...
Dimanche..

2
Lundi..
Mardi..
Mercredi..
Jeudi..
Vendredi..
Samedi...
Dimanche..

Colorie et analyse l'émotion que tu as le plus ressentie cette semaine

Relaxation

Pause

Ton bilan du mois

3

Lundi..

Mardi..

Mercredi...

Jeudi..

Vendredi...

Samedi ....

Dimanche...

4

Lundi..

Mardi..

Mercredi...

Jeudi..

Vendredi...

Samedi ....

Dimanche...

Légèreté

Musique

Et maintenant, tu fais quoi ?

Respire

Applique-toi

Centre toi sur tes réussites

As-tu des projets ?

Des objectifs ?

Que peux-tu mettre en place pour le mois de **Juin** ?

Mai

Juin

❶
Lundi..

Mardi..

Mercredi...

Jeudi...

Vendredi...

Samedi ....

Dimanche..

❷
Lundi..

Mardi..

Mercredi...

Jeudi...

Vendredi...

Samedi ....

Dimanche..

Colorie et analyse l'émotion que tu as le plus ressenti cette semaine

Calme

Sérénité

Ton bilan du mois

....

....

....

....

....

....

③

Lundi..
Mardi..
Mercredi..
Jeudi..
Vendredi..
Samedi ....
Dimanche..

④

Lundi..
Mardi..
Mercredi..
Jeudi..
Vendredi..
Samedi ....
Dimanche..

Bien-être

Calin

Et maintenant, tu fais quoi ?

Respire

Applique-toi

Centre toi sur tes réussites

As-tu des projets ?

Des objectifs ?

Que peux-tu mettre en place pour le mois de **Juillet** ?

Juin

Mes émotions

La peur

Elle va de l'angoisse à l'anxiété.

Parce que nous sommes apeuré l'affolement peut apparaître, nous pouvons même être en état de choc lorsque nous éprouvons de la peur.

Craintif et désemparé, déstabilisé ou épouvanté, nous sommes inquiet et intimidé.

La peur provoque un mal être, une panique. Tu es sur le qui vive et terrifié.

> **D'après toi, d'où vient ta peur ?**

> **Quelle a été ta plus grosse peur ?**

> **Comment vivre mieux ta peur ?**
>
> *D'abord tu dois reconnaître ta peur; la nommer : J'ai peur de...*
>
> *et faire quelque chose de tes mains. Lui donner une forme, faire une activité, un bricolage, un dessin une chanson...qui parle de cette peur. Prendre le temps de bien observer ton oeuvre.*
>
> *Puis déchire le, ou jette le à la poubelle.*

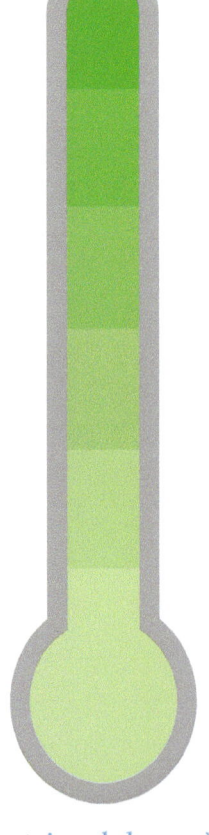

Situe toi sur le baromètre émotionnel de **la peur**, et coche la case correspondante. Tu peux y revenir chaque mois.

La peur te permet de fuir et parfois c'est utile pour être libre

Pour aller plus loin quelques définitions

PEUR

Angoisse. Malaise psychique et physique, né du sentiment de l'imminence d'un danger, caractérisé par une crainte diffuse pouvant aller jusqu'à la panique.

Émotion qui accompagne la prise de conscience d'un danger, d'une menace.

Synonyme : crainte, effroi, terreur, frayeur, frousse.

AFFOLEMENT

Inquiétude et précipitation.

> Ta peur cache ton courage et ta force. Exprimer cette force et ton courage te permet d entreprendre des choses difficiles et d être fier de toi. Le courage est indispensable au héros.

*N'aie plus peur de la vie,
ni de cette aventure,
prépare toi à la surprise
et fais confiance.*

Sophie Guerin/Byzery

Juillet

1
Lundi..
Mardi..
Mercredi..
Jeudi..
Vendredi..
Samedi ....
Dimanche..

2
Lundi..
Mardi..
Mercredi..
Jeudi..
Vendredi..
Samedi ....
Dimanche..

Colorie et analyse l'émotion que tu as le plus ressentie cette semaine

Danse

Chante

Ton bilan du mois

3

Lundi..
Mardi..
Mercredi....................................
Jeudi..
Vendredi....................................
Samedi......................................
Dimanche..................................

4

Lundi..
Mardi..
Mercredi....................................
Jeudi..
Vendredi....................................
Samedi......................................
Dimanche..................................

Ris

Bouge ton corps

Et maintenant, tu fais quoi ?

Respire

Applique-toi

Centre toi sur tes réussites

As-tu des projets ?

Des objectifs ?

Que peux-tu mettre en place pour le mois de **Août** ?

Juillet

Août

1

Lundi ....
Mardi ....
Mercredi ....
Jeudi ....
Vendredi ....
Samedi ....
Dimanche ....

2

Lundi ....
Mardi ....
Mercredi ....
Jeudi ....
Vendredi ....
Samedi ....
Dimanche ....

Colorie et analyse l'émotion que tu as le plus ressentie cette semaine

Accueille tes émotions

Accueille ce qui est

Ton bilan du mois

....
....
....
....
....
....

③

Lundi..
Mardi..
Mercredi...
Jeudi..
Vendredi..
Samedi..
Dimanche..

④

Lundi..
Mardi..
Mercredi...
Jeudi..
Vendredi..
Samedi..
Dimanche..

Fais confiance

Offre un sourire

Et maintenant, tu fais quoi ?

Respire

Applique-toi

Centre toi sur tes réussites

As-tu des projets ?

Des objectifs ?

Que peux-tu mettre en place pour le mois de **Septembre** ?

Août

Septembre

❶
Lundi..
Mardi..
Mercredi..
Jeudi..
Vendredi..
Samedi ....
Dimanche..

❷
Lundi..
Mardi..
Mercredi..
Jeudi..
Vendredi..
Samedi ....
Dimanche..

Colorie et analyse l'émotion que tu as le plus ressentie cette semaine

Amuse-toi

Joue

Ton bilan du mois

....
....
....
....
....
....
....

③

Lundi..
Mardi..
Mercredi...
Jeudi...
Vendredi...
Samedi ....
Dimanche..

④

Lundi..
Mardi..
Mercredi...
Jeudi...
Vendredi...
Samedi ....
Dimanche..

Fais ce qu'il te plait

Ressens tes qualités

Et maintenant, tu fais quoi ?

Respire

Applique-toi

Centre toi sur tes réussites

As-tu des projets ?

Des objectifs ?

Que peux-tu mettre en place pour le mois de **Octobre** ?

Septembre

Mes émotions

La colère

Elle vient d'un agacement ou d'une contrariété. Cela nous rend tendu et crispé, de mauvaise humeur, parfois enragé et excédé nous pouvons nous fâcher et devenir furieux. Nous sommes mécontents, nerveux et haineux.

D'après toi, qu'est ce qui te met en colère ?

Quelle a été ta plus grosse colère ?

Comment sortir de la colère ?

Chaque soir, en te couchant, avant de t'endormir, tu repasses tranquillement ta journée. Puis tu t'arrêtes sur un événement ou tu ne te sens pas à l'aise, et ou tu peux t'améliorer.

Tu repasse cette situation jusqu'à temps quelle te semble satisfaisante et/ou tu te vois changer d'attitude.

Puis tu t'endors et laisse faire doucement.

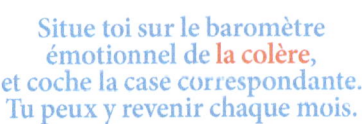

Situe toi sur le baromètre émotionnel de **la colère**, et coche la case correspondante. Tu peux y revenir chaque mois.

La colère est nécessaire pour te défendre

Pour aller plus loin quelques définitions

COLÈRE
Émotion qui est vécue comme violente.
Mécontentement accompagné d'agressivité. Accès, crise.

AGACEMENT
Énervement mêlé d'impatience. irritation.

CONTRARIÉTÉ Déplaisir.

TENDU, CRISPÉ Qui est contracté.

MAUVAISE HUMEUR
Disposition chagrine, contrariété, déception.

Ex : C'est une personne difficile à vivre et à supporter au quotidien, elle est constamment de mauvaise humeur même lorsqu'elle a des raisons de se réjouir ; elle peut même se montrer agressive.

> Ta colère cache tout l amour qui est en toi. Libère la, pour faire de la place à quelque chose de nouveau.

EXCÉDÉ
Extrêmement tendu, je subis une gêne insupportable.

FURIEUX
Qui dénote un sentiment de fureur. Colère extrême. Qui manifeste une grande violence.

La parole douce rompt la colère

Extrait du livre des proverbes.

Octobre

❶
Lundi..
Mardi..
Mercredi....................................
Jeudi..
Vendredi....................................
Samedi......................................
Dimanche..................................

❷
Lundi..
Mardi..
Mercredi....................................
Jeudi..
Vendredi....................................
Samedi......................................
Dimanche..................................

Colorie et analyse l'émotion que tu as le plus ressentie cette semaine

Prend ton temps

Promène toi

Ton bilan du mois

....
....
....
....
....

3
Lundi..........................
Mardi..........................
Mercredi......................
Jeudi..........................
Vendredi......................
Samedi........................
Dimanche.....................

4
Lundi..........................
Mardi..........................
Mercredi......................
Jeudi..........................
Vendredi......................
Samedi........................
Dimanche.....................

Débranche

Sois zen

Et maintenant, tu fais quoi ?

Respire

Applique-toi

Centre toi sur tes réussites

As-tu des projets ?

Des objectifs ?

Que peux-tu mettre en place pour le mois de **Novembre** ?

Octobre

Novembre

①
Lundi..................................
Mardi..................................
Mercredi............................
Jeudi..................................
Vendredi............................
Samedi ....
Dimanche..........................

②
Lundi..................................
Mardi..................................
Mercredi............................
Jeudi..................................
Vendredi............................
Samedi ....
Dimanche..........................

Colorie et analyse l'émotion que tu as le plus ressentie cette semaine

Explore tes talents

Expérimente

Ton bilan du mois

....
....
....
....
....
....

❸
Lundi......................................
Mardi......................................
Mercredi.................................
Jeudi......................................
Vendredi................................
Samedi..................................
Dimanche..............................

❹
Lundi......................................
Mardi......................................
Mercredi.................................
Jeudi......................................
Vendredi................................
Samedi..................................
Dimanche..............................

Déconnexion

Silence

Et maintenant, tu fais quoi ?

Respire

Applique-toi

Centre toi sur tes réussites

As-tu des projets ?

Des objectifs ?

Que peux-tu mettre en place pour le mois de **Décembre** ?

Novembre

Décembre

1

Lundi..

Mardi..

Mercredi..

Jeudi..

Vendredi..

Samedi..

Dimanche..

2

Lundi..

Mardi..

Mercredi..

Jeudi..

Vendredi..

Samedi..

Dimanche..

Colorie et analyse l'émotion que tu as le plus ressentie cette semaine

Pause

Relaxation

Ton bilan du mois

....
....
....
....
....
....
....

③

Lundi..

Mardi..

Mercredi...

Jeudi...

Vendredi...

Samedi ....

Dimanche..

④

Lundi..

Mardi..

Mercredi...

Jeudi...

Vendredi...

Samedi ....

Dimanche..

Mange du chocolat

Apprécie

Et maintenant, tu fais quoi ?

Respire

Applique-toi

Centre toi sur tes réussites

As-tu des projets ?

Des objectifs ?

Que peux-tu mettre en place pour le mois de **Janvier** ?

Décembre

© 2020, Sophie Guérin-Byzery

Edition : Books on Demand,
12/14 rond-Point des Champs-Elysées, 75008 Paris

Impression : BoD - Books on Demand, Norderstedt, Allemagne

ISBN : 9782322192403
Dépôt légal : Janvier 2020

Création graphique : ©Delphine Lahalle
lahdelf@gmail.com